AF250484

PROJET

CONTRE

LA DISETTE DES GRAINS,

PAR M. DE LASTOURS,

DÉPUTÉ DU TARN.

Panem nostrum quotidianum da nobis hodie.

PARIS,

A. ÉGRON, IMPRIMEUR-LIBRAIRE,

RUE DES NOYERS, Nº 37:

1819.

AVANT-PROPOS.

FRAPPÉ depuis long-temps des vices de notre législation sur le commerce des grains, j'avais attendu cette session pour en réclamer l'entière liberté, et présenter en même temps un moyen de prévoyance qui répondrait à toutes les objections.

Au moment où je méditais ma proposition, j'appris que le Gouvernement préparait un projet de loi sur les grains, et, par respect pour l'initiative royale, je dus attendre la présentation de la loi pour y rattacher mes idées.

Cependant je les communiquai à quelques-uns de mes collègues, et m'occupai des recherches relatives à mon plan.

Comme la fin de la session ne peut être éloignée, et que le temps qui nous reste pourra suffire à peine à la discussion du budget; qu'en conséquence toute proposition sur le commerce

des grains, même de la part du Gouvernement,
n'aurait sans doute aucun résultat ; j'ai cru
qu'il serait utile d'exposer, dès à présent, les
moyens que j'ai imaginés pour dégager le commerce des grains de toutes ses entraves, et
dissiper en même temps toutes les inquiétudes
relatives aux subsistances.

PROJET

CONTRE

LA DISETTE DES GRAINS.

———

La terre produit tout ce qui est nécessaire à la nourriture de ses habitans ; s'il en était autrement, une prompte dépopulation aurait lieu, dans la proportion du défaut de subsistances.

Le pain étant en Europe le seul aliment d'absolue nécessité, la récolte des céréales y détermine toujours l'abondance ou la disette.

En nous bornant à cette partie du monde, nous dirons de l'Europe comme de la terre en général, qu'elle produit abondamment de quoi nourrir sa population et même au-delà, si l'on considère les exportations immenses de farines qui avaient lieu pour le nouveau monde, avant la révolution ; et depuis cette époque, la consommation immodérée des armées, des brasseries et des distilleries.

Comment se fait-il, cependant, que presque tous les gouvernemens européens soient dans

une anxiété continuelle, relativement aux subsistances ; que le moindre renchérissement pa-
raisse une calamité publique, et que l'ordre soit
si souvent troublé par des émeutes et des sou-
lèvemens occasionés par la disette? Comment
se fait-il surtout, que la France où le sol et le
climat garantissent la *surabondance* de toutes
choses, soit, de tous les pays, celui où ces
alarmes sont les plus fréquentes, et peut-être,
les mieux fondées?

On ne peut assigner à ce phénomène, d'autre
cause que le faux système qu'on a toujours
suivi pour le commerce des grains.

En effet, quoique la terre produise dans son
ensemble de quoi nourrir toute sa population,
elle n'a pas partout le même degré de fertilité ;
les récoltes ne sont pas toujours également
abondantes.

De là certains pays ont souvent du superflu,
tandis que d'autres manquent du nécessaire.

Le superflu des pays abondans forme le
contingent de ceux qui manquent ; mais ceux-ci
ne peuvent l'obtenir que par échange, ou bien
par le commerce.

Le commerce est donc absolument indispen-
sable pour niveler les subsistances : et cependant
dant cette importante vérité n'a été reconnue

en France, même pour l'intérieur, qu'en 1754, époque à laquelle un arrêt du conseil du 17 septembre, permit le commerce des grains dans l'intérieur du royaume.

Cette liberté bornée à la circulation intérieure n'a jamais existé pour l'exportation ; et le commerce extérieur est encore soumis à des règles pires qu'une prohibition absolue.

De ce que le commerce extérieur n'est pas toujours libre en France, il cesse de l'être dans l'intérieur, toutes les fois que les subsistances sont rares. Si par des motifs de prudence la loi défend l'exportation, le peuple, par les mêmes raisons, empêchera nécessairement la circulation. Comment persuader, en effet, aux Picards et aux Normands, que les grains qu'on enlève chez eux pendant la cherté, sont destinés pour les habitans de Marseille ou de Bordeaux, et qu'ils n'iront pas plutôt en Hollande ou en Angleterre (1) ?

Que l'on ne se plaigne donc plus des préjugés populaires sur le commerce intérieur des subsistances ; ils sont la conséquence inévitable des

---

(1) Voyez *l'Historique des Mouvemens séditieux*, pag. 7, 8, 16 et 17 du 1ᵉʳ Rapport fait au Roi sur les subsistances, par Son Ex. le Ministre de l'Intérieur.

préjugés du gouvernement lui-même, sur le commerce extérieur. Si celui-ci était constamment libre, bientôt la circulation intérieure n'éprouverait plus aucune difficulté.

Quand on voit dans les divers rapports du ministre de l'intérieur que tous les efforts du gouvernement pendant la disette de 1817, n'ont abouti qu'à l'introduction d'une si faible quantité de grains, qu'ils auraient à peine suffi pour la nourriture de la France pendant quatorze jours (1); que ces grains ne sont pas tous arrivés à temps, et qu'une partie était encore à Odessa au mois de janvier 1818 (2); que par l'effet trop prolongé des primes (3) les blés étran-

---

(1) Les primes ont fait entrer 1,200,000 quintaux métriques de blé; les achats 868,797 hectolitres, et 34,393 sacs de farines en évaluant l'hectolitre à 155 livres, et le sac de farine à 325 livres, ces trois quantités forment un total de 385,841,260 livres, qui, augmenté d'un trentième, si l'on veut, par la panification, ne représente pas tout-à-fait la nourriture d'une population de 28 millions pendant quatorze jours et demi, à raison d'une livre de pain par chaque individu de tout sexe et de tout âge.

(2) Premier Rapport au Roi, pag. 22.

(3) Ces primes fixées à 6 millions à la fin de 1817, page 31 du Rapport, se sont élevées à 10,210,000 francs,

gers ont inondé le midi de la France, lorsqu'ils étaient devenus à charge; qu'ils ont enlevé un numéraire immense, et porté un coup pour long-temps funeste à notre agriculture et à notre industrie; quand d'autre part on a pu se convaincre, en 1817, que les achats faits à l'intérieur par le gouvernement ont totalement paralysé la circulation, et par suite augmenté excessivement le prix des subsistances; on ne peut qu'être profondément affligé des sacrifices énormes qu'ont exigé des opérations si contraires au principe consacré par le ministre lui-même, que *le commerce seul, et le commerce libre et indépendant, peut attirer et répandre dans l'intérieur les ressources nécessaires* (1).

Toutefois ce commerce, de tous le plus important, n'a jamais existé en France; il ne peut même s'y établir qu'autant qu'on parviendra à lui assigner le rang qu'il mérite, et à dissiper l'aveugle défaveur dont il est environné.

Tous les commerces possibles sont honorés et encouragés, quoiqu'ils n'aient souvent pour

---

et se sont prolongées jusqu'au 15 mai 1818, page 6 du Rapport au Roi sur les opérations de la Commission des subsistances.

(1) Premier Rapport au Roi, pag. 31.

objet que des produits étrangers qui nous enlèvent notre argent sans espoir de retour. Le seul commerce des grains est pour ainsi dire marqué du sceau de la réprobation, et l'on n'oserait, en temps de cherté, se dire marchand de blé, sans craindre d'exposer son honneur, sa fortune, et peut-être même sa vie (1)

Et cependant personne n'ignore que c'est au commerce qu'on doit l'abondance de toutes choses; que, sans lui, ses échanges seraient exorbitans; qu'au contraire, avec le commerce, on ne manque de rien, et que les prix se nivellent par la concurrence, de manière qu'ils sont les mêmes partout, a quelques légères différences près, causées par les frais de commission et de transport.

Comment se fait-il qu'on reconnaisse cette vérité pour des denrées presque aussi indispensables que le pain, telles que le vin, les viandes, l'huile, le bois, le charbon, et que le blé soit la seule chose qu'on veuille retirer du

___

(1) « Votre Majesté a appris plusieurs fois avec
« étonnement, le refus qu'essuyait la Commission de la
« part de négocians recommandables, sur la proposition
« qui leur était faite de recevoir et de revendre les grains
« expédiés du dehors. » Premier Rapport au Roi, p. 19.

domaine du commerce, quoique de ses effets constans sur tous les autres objets on doive nécessairement conclure que, s'il agissait librement sur le pain, il en serait comme de tous les autres comestibles dont il entretient l'abondance, lors même qu'il faut les tirer du Nouveau-Monde?

Déjà l'Italie, l'Angleterre, la Hollande, la Russie, et même l'Espagne, ont émancipé le commerce des grains en faveur des nations voisines, puisque, en 1817, la France a tiré des blés de ces divers pays, quoique la récolte y eût été peu abondante.

Serons-nous les derniers à imiter ces généreux exemples, et refuserons-nous encore de naturaliser le libre commerce des grains dans un pays essentiellement agricole, et qui, sous une législation protectrice, serait bientôt un des principaux greniers de l'Europe?

Si quelque motif de crainte pouvait encore nous retenir dans les limites étroites et impolitiques de la loi du 2 décembre 1814, sachons que là où l'exportation n'est pas toujours libre, on ne peut compter, dans les momens difficiles, sur les bienfaits de l'importation. Quel est, en effet, le négociant qui voudra introduire sa marchandise dans une enceinte d'où il ne pourra la retirer à volonté?

C'est en vain qu'on croirait pouvoir remplacer l'habitude du commerce des grains par des permissions momentanées d'exporter, et par les encouragemens offerts à l'importation. Ces moyens, dont l'effet est toujours incertain et tardif, n'amènent, pendant la disette, au secours de l'Etat, que des commissionnaires avides, dont le bénéfice doit être assuré d'avance par des sacrifices exorbitans. A la vue d'une bonne récolte, le gouvernement reprend toute sa sécurité, ses commissionnaires disparaissent, il ne reste pas un seul négociant.

C'est ainsi que, par un système variable de licences et de prohibitions, on a toujours empêché en France, les individus et les capitaux, de prendre une direction constante et assurée vers ce commerce, dont les avantages ou plutôt la nécessité ne sauraient être contestés, alors surtout que l'expérience vient de nous démontrer que toute opération publique sur les grains a nécessairement les conséquences les plus funestes; que du moment où le Gouvernement fait des achats, le commerce n'en fait plus : car le marchand qui veut gagner ne saurait concourir avec le Gouvernement qui veut perdre; que dès lors la circulation intérieure languit, et qu'il s'établit, à de petites distances, des différences énormes dans les prix (1); que d'un autre côté, les commissionnaires du Gouvernement n'ayant d'autre intérêt que d'acheter promptement, le public s'alarme à la vue d'achats considérables et précipités; qu'on croit alors le mal plus grand qu'il n'est réellement; que bientôt la méfiance est générale, et une disette factice inévitable; que si, au contraire, la surveillance habituelle du commerce rassurait les consommateurs, chacun vivrait au jour le jour, et qu'il en serait du blé comme de toutes les autres denrées, dont le prix n'éprouve que des variations supportables, tandis que souvent le pain acquiert une valeur triple et même quadruple de sa valeur ordinaire.

Que la raison et l'intérêt public triomphent donc enfin de nos misérables préjugés! Placés par la Providence sous le climat le plus heu-

---

(1) « Votre Majesté connut à cette époque l'énorme « disproportion entre les prix des grains dans les pro- « vinces du nord et de l'est, et ceux des autres parties du « royaume. » Premier Rapport au Roi, pag. 25.

(Voyez aussi la pag. 16.)

reux, sur un sol riche de toutes les productions européennes, dans un pays où nous pourrions à la rigueur nous passer de l'univers entier, ne croirait-on pas que, jaloux de nos propres avantages, nous cherchons à les atténuer par une législation ennemie?

Le moment est favorable, sans doute, pour créer le commerce des grains, et lui garantir cette liberté illimitée, sans laquelle il ne peut exister. Le bas prix des denrées, les apparences de la plus belle récolte, une paix profonde, tout invite le Gouvernement à s'affranchir pour toujours de sa responsabilité sur les subsistances.

Mais l'opinion est difficile à guérir, et les préjugés populaires sont une puissance redoutable à laquelle on ne peut opposer utilement que les sages leçons de l'expérience. Il faut donc, en donnant la liberté au commerce, prévenir toutes les craintes, et ôter tout prétexte aux alarmes que pourrait faire naître l'adoption d'un nouveau système.

Le seul moyen d'y parvenir, c'est de prendre, pour tout le royaume, les mêmes précautions dont use toujours en pareil cas un bon père de famille; c'est-à-dire de mettre en réserve, pendant les années d'abondance, les grains nécessaires pour les années de disette.

Avant d'entrer dans aucun détail à cet égard, reportons-nous en 1814, et voyons ce qu'on fit alors, pour mieux savoir ce qu'il faut faire aujourd'hui.

À cette époque, les grains étaient si abondans et à si bas prix, que le Roi en autorisa l'exportation par son ordonnance du 26 juillet. Cette autorisation fut confirmée par la loi du 2 décembre suivant, mais avec cette restriction, que l'exportation serait suspendue lorsque le blé aurait atteint un *maximum* déterminé dans chaque département frontière.

Le commerce des grains étant absolument nul en France, l'excédant de nos récoltes de 1813 et 1814 fut enlevé par les marchands étrangers à un prix bien au-dessous de ce *maximum*.

Les funestes événemens de 1815 firent suspendre l'exportation; et bientôt après, la mauvaise récolte de 1816 força le Gouvernement à accorder des primes d'importation pour toutes sortes de grains.

Ainsi, dans l'espace de deux années, on passa des embarras de la surabondance à tous les malheurs de la disette. À la fin de 1814, *il était urgent de permettre l'exportation du superflu des approvisionnemens de la France; ce moyen était le seul qui pût favoriser la reproduction, encourager l'agriculture, et faire cesser l'état de gêne où étaient réduits les propriétaires et les fermiers par le défaut de vente de leurs grains* (1). A la fin de 1816, on manquait du nécessaire, on payait des primes ruineuses à l'importation, et, par une suite inévitable de tous nos règlemens sur les subsistances, on rachetait le blé aux étrangers, à un prix triple et même quadruple de celui auquel ils nous l'avaient enlevé depuis quelques mois.

Si le commerce français eût agi librement sur les récoltes de 1813 et 1814, nul doute qu'il n'eût alors formé, sur tous les points du royaume, de nombreux magasins où le superflu de ces années d'abondance se serait conservé pour faire face au déficit de 1816. A défaut de ces ressources, l'administration prit des mesures qui, de son propre aveu, ne firent qu'augmenter l'embarras.

A Dieu ne plaise que je veuille critiquer ici les opérations du Gouvernement! On doit au

----

(1) Préambule de l'Ordonnance Royale du 26 juillet 1814.

contraire lui tenir compte de ses pénibles efforts : ses fautes même doivent être respectées,
puisqu'elles ont pris leur source dans la sollici-
tude paternelle du Roi, et dans la tradition er-
ronée de nos pères.

Mais je dois observer, au profit de l'avenir,
que depuis l'origine de la monarchie, tous les
édits et ordonnances, pour l'approvisionnement
du royaume, n'ont paru que dans des temps
de calamité. Or, c'est pendant l'abondance
qu'on doit chercher les moyens de prévenir la
disette : ce n'est pas au milieu des flammes qu'il
faut construire des pompes à incendie.

Il serait difficile de préciser la quantité de
grains qui aurait été nécessaire en 1817, pour
compléter l'approvisionnement général, et empêcher le renchérissement excessif du prix du
pain.

Toutefois, si l'on considère que pendant cette
année désastreuse, l'importation faite en temps
utile n'a fourni tout au plus que deux millions
cinq cent mille hectolitres de grains de toute
espèce (1), et que le transport de ces grains à

____

(1) Il a été prouvé déjà que les achats et les primes
n'avaient procuré que 385,841,260 livres de blé ou farine,
dont une partie était à Odessa au mois de janvier 1818;

2

(18)

l'intérieur n'a pu se faire qu'à travers mille dif-
ficultés (1), on peut raisonnablement supposer
que si le Gouvernement avait eu à sa disposition
le sextuple de cette quantité, c'est-à-dire quinze
millions d'hectolitres, disséminés sur tous les
marchés, il aurait pourvu largement à tous les
besoins et maîtrisé les prix, de manière à empêcher l'élévation progressive qui eut lieu dans
certains départemens (2).

Cette opinion est d'autant plus fondée pour
l'avenir, que la disette de 1817 est peut-être la
plus fâcheuse que la France ait éprouvée depuis
un siècle, par la raison qu'elle était générale en
Europe. Mais pour être parfaitement rassurés
sur toutes les chances possibles, admettons que
la réserve doive être de vingt millions d'hectolitres.

---

2 millions 500,000 hectolitres à 155 livres l'un, font
388,500,090 livres.

(1) L'entreprise des coches faisait les transports....
Le train d'artillerie de la garde royale pendant près
d'un mois fut employé à ce service nouveau pour lui...
pag. 27 du 1er Rapport au Roi.

(2). Dans le haut Rhin le prix, au 15 mars 1817, était
de 47 fr. 75 cent., au 15 juin, de 75 fr, 27 cent., au 30
juin, de 74 fr. 58 cent. *Ibid.*

(19)

Supposons en même temps que pour favoriser également l'industrie et l'agriculture, on veuille, au moyen de cette réserve, influer sur le prix des grains, de manière à empêcher la dépression au-dessous de 20 fr., et l'élévation au-dessus de 30 fr.

S'il fallait pour cela emmagasiner vingt millions d'hectolitres de blé, les frais d'achat, de constructions, de manutention, rendraient cette entreprise absolument impossible, et l'on croirait sans doute faire un bon marché, en donnant annuellement un franc par hectolitre à celui qui voudrait s'en charger.

Eh bien ! que le Gouvernement appelle individuellement à son secours tous ceux à qui ce marché pourrait convenir ; et ce qu'il n'oserait entreprendre lui-même, ce qu'aucune compagnie ne pourrait lui garantir se trouvera promptement réalisé par le concours libre et spontané des capitalistes et des propriétaires de tous les départemens.

Je m'explique.

Dans quelques mois, sans doute, notre position sera la même qu'en 1814 : la récolte de 1818 nous laissera un excédant considérable ; celle de 1819 nous promet d'immenses produits.

La France aura donc, au mois d'août prochain, un approvisionnement total de 90 ou 100 millions d'hectolitres de blé ; et comme 65 millions environ suffisent à la consommation générale, le surplus, si l'on n'y prend garde, sera dissipé inutilement par les propriétaires, ou enlevé à vil prix par les étrangers, à l'aide de nos commissionnaires.

Le commerce français ne prendra aucune autre part à ces opérations. Les négocians et les capitaux ayant depuis long-temps un autre emploi, ils ne sauraient être détournés brusquement vers une spéculation momentanée, totalement étrangère à nos habitudes, et dont notre législation a rendu le succès si incertain, que presque tous ceux qui ont voulu s'y livrer, à diverses époques, ont été ruinés. Nous serons donc réduits, d'année en année, à l'espoir d'une bonne récolte, et si cet espoir est trompé une seule fois, nous reverrons tous les malheurs de 1817.

Nous avons reconnu que, pour éviter ce danger, et donner au blé un prix moyen entre vingt et trente francs, il suffirait d'une réserve de vingt millions d'hectolitres. Pour la former, le Gouvernement n'a qu'à recevoir, jusqu'à concurrence de cette quantité, la soumission individuelle de quiconque voudra s'obliger de tenir *continuellement* cinquante hectolitres de blé en réserve, moyennant une prime d'un franc par hectolitre, aux conditions suivantes :

Il ne sera reçu de soumissions qu'autant que le blé sera à 20 francs l'hectolitre et au-dessous.

Les soumissionnaires ne pourront vendre les grains en réserve que lorsque le prix sera monté à 30 francs; dès ce moment, ils y seront obligés. La vente cessera de plein droit, sitôt que le cours tombera au-dessous de 30 francs.

La vente sera faite par les propriétaires des grains, dans les marchés et aux lieux accoutumés.

Les actionnaires ne seront soumis à aucune autre formalité que celles qui seront indispensables pour constater l'existence de la réserve et régler le paiement des primes.

Chaque soumissionnaire recevra, en échange de son obligation, une reconnaissance qui pourra être négociée sans frais.

Ce court exposé suffit pour concevoir qu'au moyen de la prime, il n'est pas de capitaliste ou de propriétaire un peu aisé qui ne s'empresse de prendre une ou plusieurs actions.

Cette prime représente en effet l'intérêt du capital, au moins à cinq pour cent, e tmême à six et à sept, si l'achat du blé a été fait au-dessous de 26 fr.

Outre cet avantage, les actionnaires profiteront de tout le bénéfice de la hausse des grains; bénéfice qui ne peut être évalué à moins de dix pour cent par an. Ceci est prouvé jusqu'à l'évidence, par l'expérience des siècles passés.

Il résulte des recherches les plus exactes que, dans chaque période de cinq années, le prix du blé varie dans la proportion, au moins, de deux à trois. Les tableaux ci-joints en offrent la preuve irrécusable, depuis 1289 jusqu'à nos jours; et même, si l'on compare en masse le prix le plus élevé au prix le plus bas de chaque série, on verra que, *terme moyen*, le prix a varié, tous les cinq ans, de plus de moitié.

En rejetant ce dernier résultat sur notre mauvaise législation, restera toujours la variation de deux à trois dont j'ai déjà parlé et qu'on ne peut attribuer qu'aux lois de la nature, qui sont au-dessus de notre prévoyance et de nos calculs.

Il est donc bien démontré que les actionnaires obtiendront, au moins, un bénéfice de 50 pour 100 en cinq années, ce qui, joint à la prime leur donnera un intérêt général de 15 pour 100, qui doit, je crois, déterminer les

plus timides à prendre part à cette utile entreprise.

Dans ce système , on n'a besoin ni de greniers publics , ni de compagnie , ni d'administration particulière ; une dépense bien modique,
si on la compare au bien qu'on doit en retirer,
suffit pour assurer, en tout temps, aux cultivateurs un débit avantageux de leurs denrées,
et aux consommateurs leur approvisionnement
à un prix modéré. L'Etat , les villes, les particuliers , se rachètent, pour toujours, des sacrifices énormes qu'exigent si souvent les diset-
tes, sans qu'on puisse même se promettre de
remédier à leurs horribles calamités. Si l'on
pouvait mettre en ligne de compte toutes les
dépenses faites à l'occasion de la disette de 1817,
tant par le Gouvernement que par les admi-
nistrations et les diverses associations de bien-
faisance, on arriverait à une somme de plus de
100 millions (1). Et cependant, la misère du
peuple a été extrême et son mécontentement
universel.

J'ai dit que les propriétaires aisés s'intéresse-

____

(1) Cette somme serait plus que double si l'on ajoutait
le montant de tous les sacrifices faits par le Roi, la famille
royale et les particuliers.

raient volontiers dans la réserve ; leur avantage serait en effet si évident, que lors même qu'il faudrait attendre dix ans , pour que le blé variât de 5o pour 1oo , délai qui serait sans exemple, ils auraient encore placé leur capital à 1o pour 1oo , tandis que, s'ils avaient spéculé pour leur propre compte , ils n'auraient retiré que la moitié de cet intérêt. Il en sera de même des capitalistes qui, n'ayant pas de blé à leur disposition, trouveront facilement des propriétaires pressés de vendre et qui , moyennant un léger bénéfice sur le prix, s'engageront à tenir en dépôt , sinon 5o hectolitres , du moins la moitié ou le quart de cette quantité. L'intérêt de ces derniers , relativement à la réserve , se confondra presque toujours avec celui des consommateurs. Depuis l'extrême division des propriétés, peu de cultivateurs sont en état de garder leurs grains d'une année à l'autre ; leur dépense journalière et le paiement des contributions les forcent à s'en défaire , au moment même de la récolte. Le retour de la stérilité les prend toujours au depourvu , et la cherté, loin de leur être profitable, leur devient à charge , par la nécessité où ils sont d'acheter à un prix excessif les grains qu'ils ont donné pour rien les années précédentes.

De là cette détresse habituelle qui décourage totalement les cultivateurs ; l'usure qui les ruine ; les expropriations qui les dépouillent.

L'augmentation du prix du blé pendant les bonnes années, et une diminution proportionnelle pendant la disette, sera un double bienfait pour l'agriculture.

L'industrie ne gagnera pas moins à ce nouvel ordre de choses. Le salaire des ouvriers étant nécessairement fixe et invariable, ils ont principalement à souffrir des grandes vicissitudes du prix des subsistances : le cours est-il trop bas, les travaux cessent ; est-il trop élevé, ils meurent de faim. Le prix moyen leur sera donc tout aussi avantageux qu'aux cultivateurs.

Lorsque le blé augmentera de deux francs par hectolitre, par l'effet de la réserve, les propriétaires gagneront, il est vrai, cent trente millions sur les consommateurs ; mais ceux-ci épargneront cette même somme, dans des momens plus difficiles. Les uns et les autres trouveront leur compte à ce secours mutuel, à cette utile compensation.

Quant aux actionnaires, ceux qui voudraient recouvrer leurs fonds antérieurement à la vente de la réserve, trouveront aisément à se défaire de leurs actions. Ainsi, en rendant leur titre négociable , on aura imprimé un mouvement salutaire à un capital immense qui , sans cela, resterait inerte dans les greniers des cultiva-teurs. Ce titre, dont l'hypothèque ne saurait être plus assurée , et dont, cependant, la va-leur sera aussi variable que celle du blé, pourra devenir l'objet de spéculations utiles et toujours innocentes ; car la hausse ou la baisse du prix des grains, ne pourra plus avoir d'autre cause que les influences atmosphériques et les dé-crets de la Providence.

J'ai raisonné, jusqu'ici, dans la supposition que l'achat de la réserve se ferait à 20 fr., et la vente à 30 fr.; il est cependant vrai de dire que ce taux doit être différent sur les princi-paux points du royaume, comme il l'est, pour l'exportation, dans la loi du 2 décembre 1814. Cette différence est nécessaire, pour que cha-que région soit, autant que possible, dotée d'une réserve proportionnée à la population.

Pour faire ce tarif, sans rien donner à l'ar-bitraire, il faudrait, ce me semble, prendre, dans chaque localité, le prix moyen du blé, pendant chacune des quinze dernières années qui viennent de s'écouler ; en composer le prix moyen d'une année, et chercher ensuite deux nombres, dans la proportion de deux à trois, dont ce prix serait le terme moyen ; le plus petit nombre indiquerait le prix d'achat, et l'autre celui de la vente. Exemple :

Le prix moyen du blé, dans la Provence, a été, pendant les quinze dernières années, de 25 fr. ; mais il a été quelquefois à 15 fr., et d'autres fois à 40 fr. ; pour éviter cette funeste variation, et le maintenir à 25 fr., l'achat de la réserve doit être fixé à 20 fr., et la vente à 30 fr. En Picardie, le prix moyen a été de 20 fr. ; la réserve ne pourra s'y former qu'à 16 f., et s'y vendre qu'à 24, et ainsi de suite. Par ce moyen, on agirait en pleine connaissance de cause, et l'on garantirait, autant que possible, aux habitans de chaque pays, le prix moyen auquel ils paient ordinairement le pain.

Il est entendu que la prime étant destinée à représenter l'intérêt à raison de cinq pour cent, elle doit varier, avec ce prix, et que, par conséquent, elle sera d'un fr. en Provence, et de 80 centimes seulement en Picardie.

Ce n'est pas seulement le blé qui doit entrer dans la réserve ; le seigle, l'orge, le maïs, peuvent concourir avec le froment, dans les pays où ces grains servent à la consommation. Leur valeur étant de beaucoup inférieure à celle du blé, la dépense totale des primes sera nécessairement diminuée ; et si elle reste la même, la réserve en sera d'autant plus considérable. Il est inutile d'ajouter que ces grains pourront être renouvelés, et ceux d'une récolte remplacés par ceux de la récolte suivante.

Au moyen de ces précautions, le commerce du blé pourra devenir parfaitement libre, à moins que, par des considérations qui méritent toute l'attention du gouvernement, on ne jugeât nécessaire de prohiber l'importation, et de protéger ainsi l'agriculture française, contre l'invasion des blés étrangers, dont la concurrence a déjà paralysé, dans plusieurs provinces, notre industrie agricole et manufacturière (1).

Je ne pense pas que cette dernière mesure, non plus que la formation de la réserve, puisse, en aucune manière, nuire au succès du commerce des grains.

Il est notoire que, malgré la surtaxe des terres, si préjudiciable à la production, la France recueille, habituellement, plus de vin et de blé qu'il ne lui en faut pour sa consom-

______

(1) Tous les ports de la Méditerranée sont encombrés de blés étrangers que le commerce peut livrer à 40 pour cent au-dessous des prix ordinaires. Sur la mer Noire et en Egypte, les blés sont en ce moment à 6 fr. l'hectolitre.

mation; et de même que les vins sont une des principales branches de notre commerce, quoique l'importation en soit absolument nulle, et l'exportation constamment autorisée, de même le commerce des grains prendrait le plus grand essor, lors même que l'importation serait prohibée, pourvu que la sortie et la circulation intérieure fussent toujours libres.

La défense d'importer des blés étrangers ne saurait donc préjudicier au commerce des grains. On peut dire la même chose du projet de garder une certaine provision pour l'avenir. Dans ce cas, il est vrai, quelques grains restent invendus, et pour ainsi dire, immobilisés, pendant qu'ils sont à bas prix; mais alors, la marchandise est surabondante, et ces mêmes grains rentrent entièrement dans le domaine du commerce, du moment qu'ils ont repris quelque faveur; car il faut bien remarquer que, dans notre hypothèse, personne n'achète pour revendre, et que le propriétaire garde, seulement, une portion de sa récolte pour la livrer, plus tard, mais immédiatement, au négociant qui agit, sans aucune concurrence de la part du gouvernement. Le commerce s'est-il jamais plaint de ce que, dans les pays vignobles, certains particuliers refusent de vendre leurs vins, lorsqu'ils sont à vil prix, pour en tirer, dans la suite, un parti plus avantageux? Cette précaution n'est-elle pas, au contraire, tout au profit des négocians, qui, sans cela, n'auraient ni assez de magasins, ni assez de capitaux, pour soustraire à une consommation immodérée, tout l'excédant des années abondantes, et qui se verraient, ainsi, exposés à manquer d'aliment pour leurs opérations? D'ailleurs, les marchands de blé ne pourront-ils pas s'intéresser, eux-mêmes, dans la réserve, et participer à la prime offerte à ceux qui voudront conserver une certaine quantité de grains? Ce dernier avantage ne leur ôtera nullement la faculté de jouer, librement, sur d'autres quantités, avec la certitude d'un bénéfice bien supérieur à celui de toute autre industrie.

Les propriétaires, les capitalistes, les négocians, les chefs d'ateliers, les consommateurs de toutes les classes, doivent donc s'intéresser au succès d'une entreprise qui les garantit, réciproquement, des maux dont ils seraient alternativement les victimes. Dans un moment où tant de compagnies utiles cherchent à neutraliser les ravages des épizooties, de la grêle, des incendies, que la société toute entière s'assure, elle-même, contre un fléau bien plus

terrible encore, puisqu'il menace, non-seule-
ment la fortune, mais même l'existence des
citoyens. Quelques légers sacrifices calmeront,
pour toujours, nos inquiétudes sur les subsistances. Nous ne verrons plus ces mouvemens
séditieux, ces émeutes populaires, symptômes
terribles de la misère publique, si funestes à la
morale, si dangereux pour l'autorité, si me-
naçants pour la propriété, si embarrassants
pour la force et même pour la justice, dont le
glaive, dans ces temps déplorables, ne ren-
contre, presque toujours, que des coupables
justifiés d'avance par l'infortune et par la
nécessité.

Au reste, la mesure que je propose n'ayant
pour but que de naturaliser, en France, le
libre commerce des grains, et d'attendre, sans
inconvéniens, le moment où ses opérations
pourront nous prémunir contre la disette, la
dépense des primes ne sera que provisoire;
elle pourrait même cesser avant ce temps, car
si la réserve était une fois épuisée, et que le
blé se soutînt au-dessus du prix fixé pour
l'achat, il serait inutile de faire des fonds, jusqu'au moment où le prix serait retombé au taux
convenu.

Ceci nous conduit à une observation extrêmement importante ; c'est que la réserve ne devant s'établir qu'à bas prix, il faut se hâter de mettre à profit l'abondance qui s'annonce sur tous les points du royaume. On aurait pu réserver des grains en 1813 et 1814, au lieu de les vendre aux étrangers; la réserve était devenue impossible en 1816, il est donc urgent de mettre, dès cette année, à la disposition du gouvernement, les fonds nécessaires pour le paiement des primes aux actionnaires. qui pourraient se présenter avant la fin de 1819. Ces fonds ne peuvent être considérables, puisque la prime sera payable, tout au plus, pour les quatre derniers mois de l'année.

Tels sont les moyens de prévoyance que j'ai cru devoir soumettre à la méditation de mes collègues, avant de m'en séparer, sans doute pour toujours (1). Je ne pense pas que la prudence humaine puisse en suggérer de meilleurs, ou du moins, de plus faciles. Quoiqu'il en soit, l'expérience nous a prouvé qu'il est impossible au gouvernement de nous préserver de la disette, et qu'il serait souve-

____

(1) La députation du Tarn doit être renouvellée cette année.

rainement injuste de le rendre responsable de l'approvisionnement du royaume, tant qu'il n'aura d'autres ressources que des lois et des ordonnances. Les Chambres renvoyent, tous les jours, aux ministres du Roi, des pétitions très-recommandables, qui demandent la défense de l'importation des grains; toutes témoignent la détresse de l'agriculture et de l'industrie, par suite de la dépréciation vénale du blé. Mais, dans l'état actuel, que peuvent faire les ministres? Doivent-ils oublier que les mauvaises récoltes de 1816 et 1817 suivirent de près l'Ordonnance du 26 juillet et la loi du 2 décembre 1814? Le gouvernement, n'en doutons pas, épie, en ce moment, la marche de la nature; il sait, comme nous, qu'à l'époque de la floraison, quelques jours de pluie peuvent anéantir les plus belles espérances. La terrible leçon de 1817 est encore là pour justifier son silence et sa timidité. Cet embarras n'existerait plus, et tous les vœux pourraient être satisfaits, si le système d'une réserve générale était adopté.

TABLEAU du prix du setier de blé, mesure de Paris, pendant les 13ᵉ, 14ᵉ, 15ᵉ, 16ᵉ, 17ᵉ et 18ᵉ siècles, divisé par séries de cinq en cinq années (1).

Années.	fr.	c.
1289	5	69
1290	7	58
1294	8	80
1312	10	71
1314	6	60
1316	11	22
1323	9	46
1327	6	05
1328	7	59
1329	6	60
1332	10	34
1333	14	44
1334	9	09
1337	7	28
1339	5	28
1341	5	13
1342	7	82
1344	9	65
1345	7	10
1347	8	01
1354	12	99
1356	3	90
1359	4	07
1360	4	15
1361	13	27
1365	8	94
1369	15	04
1372	5	28
1375	5	77
1376	11	12

Années.	fr.	c.
1385	4	24
1390	7	83
1405	7	10
1406	5	85
1410	9	74
1411	6	25
1413	2	91
1426	5	61
1427	8	40
1428	3	99
1430	22	67
1431	13	24
1432	27	70
1433	11	24
1435	4	34
1436	6	61
1437	32	99
1438	31	70
1440	6	93
1443	14	27
1444	6	62
1446	2	91
1447	5	48
1448	1	78
1449	3	81
1450	3	24
1452	2	37
1459	4	99
1462	3	41
1465	2	82

Années.	fr.	c.
1464	1	48
1465	2	96
1466	6	37
1467	2	30
1469	2	78
1470	1	75
1471	2	72
1472	2	47
1473	2	47
1474	4	44
1475	3	04
1476	4	44
1477	4	07
1478	4	74
1481	6	09
1482	9	78
1485	3	33
1486	6	50
1487	4	89
1489	3	31
1490	3	31
1492	3	31
1495	2	26
1498	4	41
1499	5	63
1500	2	78
1501	6	57
1508	5	63
1509	3	64
1510	1	82
1511	1	96
1512	3	10

(1) Ce tableau se trouve dans la traduction française de l'ouvrage de Smith sur la nature et les causes de la richesse des nations.

Années	fr.	c.
1513	4	49
1515	14	26
1517	5	56
1519	4	64
1520	5	31
1521	17	18
1522	12	35
1524	12	35
1525	4	12
1526	3	72
1527	8	84
1528	8	91
1529	15	28
1530	10	51
1531	21	23
1532	16	80
1533	8	40
1534	6	43
1535	8	61
1536	12	35
1538	11	11
1539	15	48
1540	7	09
1541	7	35
1542	9	06
1543	10	08
1544	11	52
1545	11	24
1546	10	37
1547	8	15
1548	8	71
1553	12	67
1554	11	52
1555	11	74
1556	19	88
1557	19	57
1558	10	66
1559	12	54
1560	12	96
1561	15	56
1562	20	89

Années	fr.	c.
1563	27	89
1564	12	33
1565	20	05
1567	27	65
1568	19	42
1569	17	07
1570	14	38
1571	21	41
1572	24	52
1573	46	62
1574	44	25
1575	16	36
1576	20	21
1577	13	37
1578	14	40
1579	15	38
1580	15	43
1581	14	04
1582	19	70
1583	19	92
1584	22	39
1585	21	65
1589	16	46
1590	31	44
1591	79	89
1592	47	41
1595	63	21
1596	46	46
1597	42	03
1598	36	50
1599	19	44
1600	18	80
1601	18	19
1602	24	26
1603	19	86
1604	16	93
1605	14	54

Années	fr.	c.
1606	16	41
1607	16	53
1608	25	60
1609	22	40
1610	16	78
1611	16	93
1612	17	20
1613	15	44
1614	17	61
1615	15	35
1616	15	74
1617	17	33
1618	32	09
1619	19	73
1620	14	67
1621	19	02
1622	25	06
1623	24	11
1624	18	93
1625	20	96
1626	37	53
1627	29	46
1628	22	
1629	20	
1630	23	73
1631	44	5
1632	34	15
1633	24	54
1634	20	56
1635	22	06
1636	23	04
1637	21	93
1638	20	74
1639	17	99
1640	18	61
1641	22	14
1642	22	44
1643	33	57
1644	32	93
1645	21	05

Années.		fr.	c.	Années.		fr.	c.	Années.		fr.	c.
1646	—	17	56	1686	—	19		1726	—	26	22
1647	—	23	79	1687	—	19	99	1727	—	18	82
1648	—	28	49	1688	—	13	16	1728	—	12	67
1649	—	35	47	1689	—	13	19	1729	—	16	89
1650	—	49	77	1690	—	15	51	1730	—	15	48
1651	—	48	14	1691	—	16	37	1731	—	18	91
1652	—	46	73	1692	—	21	14	1732	—	13	26
1653	—	25	05	1693	—	45	33	1733	—	10	22
1654	—	23	65	1694	—	60	99	1734	—	10	89
1655	—	20	55	1695	—	22	23	1735	—	11	19
1656	—	19	96	1696	—	22	88	1736	—	12	89
1657	—	19	14	1697	—	26	77	1737	—	14	52
1658	—	24	35	1698	—	33	52	1738	—	18	52
1659	—	28	57	1699	—	41	87	1739	—	22	67
1660	—	32	65	1700	—	38	62	1740	—	27	26
1661	—	49	82	1701	—	26	54	1741	—	37	63
1662	—	62	78	1702	—	18	52	1742	—	20	84
1663	—	38	70	1703	—	17	44	1743	—	11	59
1664	—	32	09	1704	—	15	74	1744	—	10	93
1665	—	25	90	1705	—	14	81	1745	—	11	19
1666	—	24	31	1706	—	12	30	1746	—	14	69
1667	—	16	89	1707	—	10	86	1747	—	15	33
1668	—	14	92	1708	—	14	86	1748	—	19	51
1669	—	15	23	1709	—	55		1749	—	18	40
1670	—	15	82	1710	—	50		1750	—	17	78
1671	—	17	59	1711	—	21	51	1751	—	19	44
1672	—	18	30	1712	—	25	74	1752	—	24	44
1673	—	14	76	1713	—	35	27	1753	—	19	94
1674	—	17	74	1714	—	40	62	1754	—	19	01
1675	—	26	89	1715	—	24	36	1755	—	14	63
1676	—	19	13	1716	—	15	37	1756	—	15	99
1677	—	21	81	1717	—	12	33	1757	—	21	73
1678	—	27	16	1718	—	8	89	1758	—	18	64
1679	—	30	83	1719	—	12	79	1759	—	19	75
1680	—	23	79	1720	—	16	25	1760	—	19	57
1681	—	25	33	1721	—	11	61	1761	—	15	70
1682	—	24	21	1722	—	12	69	1762	—	15	86
1683	—	21	25	1723	—	18	56	1763	—	15	68
1684	—	26	86	1724	—	25	58	1764	—	15	36
1685	—	30	12	1725	—	36		1765	—	18	07

Années.		fr.	c.	Années.		fr.	c.	Années.		fr.	c.
1766	—	20	15	1776	—	24	59				
1767	—	21	78	1777	—	22	91				
1768	—	32		1778	—	22	17				
1769	—	32		1779	—	20	15				
1770	—	28	69	1780	—	18	93				
1771	—	33	05	1781	—	20	49				
1772	—	27	85	1782	—	19	75				
1773	—	29	14	1783	—	19	85				
1774	—	26	27	1784	—	26	17				
1775	—	29	14	1785	—	24	59				

N. B. Outre les lacunes que présente ce tableau, on a supprimé les années qui n'entrent pas dans la composition d'une série.

ÉTAT comparatif du prix le plus bas et le plus élevé pendant chaque période de cinq années, de 1289 à 1785.

Bas prix.		Haut prix.		Bas prix.		Haut prix.		Bas prix.		Haut prix.	
fr.	c.	fr.	c.	fr.	c.	fr.	c.	fr.	c.	fr.	c.
5	69	8	80	1	82	5	63	20	55	48	14
6	60	11	22	4	49	14	26	19	14	32	65
6	5	9	46	4	64	17	15	25	90	49	82
6	60	10	34	3	72	12	35	14	92	24	31
7	28	14	44	8	40	21	23	14	76	26	89
5	13	7	82	6	43	12	35	19	13	30	83
7	10	9	65	7	09	15	48	21	25	30	12
3	90	12	99	8	15	11	52	13	16	19	99
4	07	13	27	11	52	19	88	16	37	60	99
8	94	15	04	10	66	20	89	22	88	41	87
5	28	11	12	12	33	27	89	14	81	26	54
4	24	7	83	14	58	24	52	10	86	55	
5	85	7	10	13	37	46	62	21	55	40	62
2	91	9	74	14	04	19	70	8	89	16	25
3	99	22	67	16	46	31	44	11	61	36	
4	34	27	70	47	41	79	89	12	67	26	22
6	61	32	99	18	80	46	46	10	22	18	91
2	91	14	27	14	54	24	26	12	89	27	26
1	78	3	81	16	41	25	60	10	93	37	63
2	82	4	99	15	35	17	61	14	69	19	51
1	48	6	37	14	67	32	09	14	63	24	44
1	75	2	78	18	93	25	06	15	99	21	73
3	04	4	74	20		37	33	15	36	18	07
3	33	9	78	20	56	44	05	20	15	32	39
3	31	6	50	17	99	23	04	26	27	33	05
2	26	3	31	21	05	33	57	18	93	24	59
2	78	6	57	17	56	49	77	19	75	26	17

TOTAUX... 949 47 1874 93

TABLEAU du prix du blé sur le marché de Rosoy, en Brie, depuis 1596 jusqu'en 1745.

Années.	liv.	s.	d.	Années.	liv.	s.	d.	Années.	liv.	s.	d.
1596	14	14		1631	16	2		1666	10	13	6
1597	13	6		1632	12	16		1667	7	10	
1598	11	11		1633	9	2		1668	6	13	9
1599	6	3		1634	7	14		1669	6	15	9
1600	5	19		1635	8	5	6	1670	7	0	6
1601	5	15		1636	9	14	6	1671	7	16	3
1602	5	7		1637	9	5		1672	8	2	
1603	7	9		1638	8	15		1673	6	15	3
1604	6	7		1639	7	16		1674	8	1	9
1605	5	9		1640	7	17		1675	11	18	9
1606	6	3		1641	10	1		1676	8	10	
1607	6	4		1642	10	2		1677	9	13	9
1608	9	12		1643	14	13		1678	12	1	3
1609	8	8		1644	14	12	6	1679	13	13	9
1610	6	6		1645	9	7		1680	10	11	
1611	6	7		1646	7	16		1681	11	5	
1612	6	9		1647	10	3		1682	9	16	
1613	5	16		1648	12	13		1683	9	9	
1614	6	10		1649	15	15		1684	11	19	
1615	5	13		1650	22	2		1685	13	8	
1616	5	18		1651	21	7	6	1686	8	9	
1617	6	10		1652	20	15		1687	8	18	
1618	9	19		1653	11	2	6	1688	5	17	
1619	7	8		1654	10	10		1689	6	12	
1620	5	8		1655	9	2	6	1690	7	15	
1621	7	3		1656	8	19		1691	8	4	
1622	9	8		1657	8	10		1692	10	11	
1623	9	5		1658	10	16	3	1693	21	4	
1624	7	2		1659	12	14		1694	32	15	
1625	7	18		1660	14	10		1695	11	19	
1626	14			1661	22	2	6	1696	12	6	
1627	11	1		1662	27	17	6	1697	14	7	
1628	8	5		1663	17	3	6	1698	18		
1629	7	10		1664	14	5		1699	22	7	
1630	8	18		1665	11	10		1700	19	15	

Années.	liv.	s.	d.	Années.	liv.	s.	d.	Années.	liv.	s.	d.
1701	13	4		1716	10	8		1731	16	8	
1702	10	9		1717	8	4		1732	11	4	
1703	9	16		1718	9	2		1733	8	11	
1704	9	11		1719	12			1734	9	4	
1705	8	13		1720	17	2		1735	9	9	
1706	6	11		1721	12	5		1736	10	18	
1707	5	15		1722	13	8		1737	12	5	
1708	8	7		1723	20	17		1738	15	12	
1709	37	2		1724	20	16		1739	19	2	
1710	33	15		1725	25	6		1740	23		
1711	14	19		1726	22	2		1741	31	15	
1712	17	8		1727	15	17		1742	17	12	
1713	23	16		1728	10	14		1743	9	15	
1714	24	5		1729	14	5		1744	9	4	
1715	11	18		1730	13	1		1745	9	9	

N. B. Ce tableau est tiré de l'*Essai sur les Monnaies*, par M. Du-pré de Saint-Maur : il présente, année par année, le prix moyen du blé, mesure de Rosoy, en Brie, pendant 135 années consécutives.

La mesure de Rosoy est moindre que celle de Paris.

ETAT comparatif du prix le plus bas et le plus élevé pendant chaque période de cinq années, de 1596 à 1745.

Bas prix.		Haut prix.	
liv.	s.	liv.	s.
5	19	14	14
5	7	7	9
6	3	9	12
5	13	6	10
5	8	9	19
7	2	9	8
7	10	14	
7	14	16	2
7	16	9	14
9	7	14	13
7	16	22	2
9	2	21	7
8	10	14	10
11	10	27	17
7	1	10	14
6	15	11	19
8	10	13	14
9	9	13	8
5	17	8	18
8	4	32	15

Bas prix.		Haut prix.	
liv.	s.	liv.	s.
12	6	22	7
8	13	13	4
5	15	37	2
11	18	24	5
8	4	17	2
12	5	25	6
10	14	22	2
8	11	16	8
10	18	25	
9	4	31	15
T. 249	1	T. 521	16

TABLEAU du prix du setier de blé, mesure de Paris, depuis 1312 jusqu'en 1745, divisé par séries de cinq en cinq années.

Années.	liv.	s.	d.	Années.	liv.	s.	d.	Années.	liv.	s.	d.
1312 —	0	16	3	1410 —	1	5	0	1464 —	0	5	0
1314 —	0	10	0	1411 —	0	16	0	1465 —	0	10	0
1315 —	2	10	0	1413 —	0	13	1	1466 —	1	1	8
1316 —	0	17	0					1467 —	0	9	4
				1426 —	0	17	0				
1332 —	0	11	9	1427 —	1	5	6	1469 —	0	11	3
1333 —	0	16	5	1428 —	0	12	0	1470 —	0	7	2
1334 —	0	10	4	1430 —	3	17	0	1471 —	0	11	0
								1472 —	0	10	0
1337 —	0	12	5	1431 —	2	0	0	1473 —	0	10	0
1339 —	0	15	0	1432 —	4	4	0				
1341 —	0	17	6	1433 —	1	14	0	1481 —	1	5	0
				1435 —	0	13	2	1482 —	2	0	0
1342 —	2	4	5					1485 —	0	13	6
1343 —	2	0	0	1436 —	1	0	0				
1344 —	0	13	10	1437 —	5	0	0	1486 —	1	6	4
1345 —	0	10	1	1438 —	4	16	0	1487 —	1	0	0
				1439 —	9	0	0	1489 —	0	15	0
1347 —	0	15	2	1440 —	1	1	0				
1350 —	4	4	0					1492 —	0	15	0
1351 —	8	0	0	1443 —	2	7	8	1495 —	0	11	5
				1444 —	1	0	0				
1354 —	1	9	0	1446 —	0	10	0	1498 —	1	0	0
1356 —	0	17	8	1447 —	0	12	0	1499 —	1	6	8
								1500 —	0	12	6
1359 —	5	12	0	1448 —	0	5	11	1501 —	1	10	0
1360 —	1	5	0	1449 —	0	13	0				
				1450 —	0	11	0	1508 —	1	5	0
1361 —	1	10	2	1452 —	0	8	0	1509 —	0	16	8
1365 —	1	0	3					1510 —	0	8	1
				1454 —	0	13	9	1511 —	0	8	8
1369 —	1	14	2	1457 —	1	0	1	1512 —	0	13	9
1372 —	0	12	0								
				1459 —	0	17	6	1513 —	1	0	0
1375 —	0	15	4	1462 —	0	11	8	1515 —	3	4	2
1376 —	1	5	3	1463 —	0	9	7	1517 —	1	5	0
1382 —	0	10	6								
1385 —	0	14	10								

Années.	liv.	s.	d.
1519 —	1	2	6
1520 —	1	5	10
1521 —	4	3	4
1522 —	3	0	0
1524 —	3	0	0
1525 —	1	0	0
1526 —	0	18	4
1527 —	2	2	11
1528 —	2	5	4
1529 —	3	14	3
1530 —	2	11	1
1531 —	5	3	2
1532 —	4	1	8
1533 —	2	0	10
1534 —	1	11	3
1535 —	2	1	10
1536 —	3	0	0
1538 —	2	14	0
1539 —	3	15	3
1540 —	2	1	0
1541 —	2	2	6
1542 —	2	12	5
1543 —	2	18	4
1544 —	3	6	8
1545 —	3	5	0
1546 —	3	0	0
1547 —	2	5	10
1548 —	2	10	5
1553 —	3	13	4
1554 —	3	6	8
1555 —	3	7	11
1556 —	5	15	0
1557 —	5	13	4
1558 —	5	1	8
1559 —	3	12	7
1560 —	5	15	0
1561 —	4	10	0
1562 —	6	0	10

Années.	liv.	s.	d.
1563 —	8	1	8
1564 —	3	18	0
1565 —	6	6	9
1566 —	16	7	9
1567 —	8	15	0
1568 —	6	2	1
1569 —	5	8	0
1570 —	4	11	0
1571 —	6	0	5
1572 —	7	15	2
1573 —	14	15	0
1574 —	14	0	0
1575 —	6	12	6
1576 —	8	3	9
1577 —	5	8	4
1578 —	5	16	8
1579 —	6	4	7
1580 —	6	5	0
1581 —	5	13	9
1582 —	7	9	8
1583 —	7	11	3
1584 —	8	10	0
1585 —	8	4	5
1586 —	19	10	0
1587 —	35	0	0
1589 —	6	5	0
1590 —	11	18	9
1591 —	30	6	8
1592 —	18	0	0
1595 —	24	0	0
1596 —	17	12	10
1597 —	15	19	2
1598 —	13	17	2
1599 —	7	7	7
1600 —	7	2	9
1601 —	6	18	1
1602 —	5	18	5
1603 —	11	18	3
1604 —	7	12	5

Années.	liv.	s.	d.
1605 —	6	10	10
1606 —	7	7	8
1607 —	7	8	10
1608 —	11	10	5
1609 —	10	1	7
1610 —	7	11	0
1611 —	7	12	5
1612 —	7	14	10
1613 —	6	19	0
1614 —	7	18	0
1615 —	6	18	0
1916 —	7	1	8
1617 —	7	16	0
1618 —	14	8	10
1619 —	8	17	7
1620 —	6	12	1
1621 —	8	11	7
1622 —	11	5	7
1623 —	10	17	0
1624 —	8	10	4
1625 —	9	9	7
1626 —	16	16	0
1627 —	13	5	0
1628 —	9	8	0
1629 —	9	0	0
1630 —	10	13	7
1631 —	19	16	5
1632 —	15	7	2
1633 —	11	0	11
1634 —	9	5	0
1635 —	9	18	7
1636 —	11	13	4
1637 —	11	2	0
1638 —	10	10	0
1639 —	9	2	2
1640 —	9	8	5
1641 —	11	19	2
1642 —	12	2	5
1643 —	17	17	9

Années.	liv.	s.	d.	Années.	liv.	s.	d.	Années.	liv.	s.	d.
1644	17	11	0	1679	16	8	6	1714	29	2	0
1645	11	4	5	1680	12	13	6	1715	14	12	5
1646	9	7	2	1681	13	10	0	1716	12	9	0
1647	12	13	7	1682	12	18	0	1717	9	19	9
1648	15	3	7	1683	11	6	6	1718	10	19	0
1649	18	18	0	1684	14	6	6	1719	14	7	3
1650	26	10	5	1685	16	1	0	1720	20	11	0
1651	25	13	0	1686	10	2	6	1721	14	14	6
1652	24	18	0	1687	10	13	0	1722	16	1	0
1653	13	7	0	1688	7	0	3	1723	25	1	0
1654	12	12	0	1689	7	18	3	1724	24	19	6
1655	10	19	0	1690	9	6	0	1725	30	7	6
1656	10	7	6	1691	9	16	6	1726	26	11	0
1657	10	4	0	1692	12	13	6	1727	19	1	0
1658	12	19	6	1693	25	10	0	1728	12	16	6
1659	15	4	6	1694	39	6	0	1729	17	2	0
1660	17	8	0	1695	14	6	6	1730	15	13	6
1661	26	11	0	1696	14	15	6	1731	19	3	0
1662	33	9	0	1697	17	5	0	1732	13	8	6
1663	20	12	6	1698	21	12	0	1733	10	7	0
1664	17	2	0	1699	26	19	6	1734	11	0	6
1665	13	16	0	1700	23	14	0	1735	11	6	6
1666	12	19	0	1701	15	19	0	1736	13	1	0
1667	9	0	0	1702	12	10	6	1737	14	14	0
1668	7	19	0	1703	11	15	6	1738	18	15	0
1669	8	2	4	1704	11	9	6	1739	22	19	0
1670	8	8	7	1705	10	7	9	1740	27	12	0
1671	9	7	6	1706	7	17	4	1741	38	2	0
1672	9	15	0	1707	6	18	9	1742	21	2	0
1673	7	17	4	1708	10	1	0	1743	11	14	9
1674	9	9	1	1709	44	11	0	1744	11	1	3
1675	14	6	6	1710	40	10	0	1745	11	6	6
1676	10	4	0	1711	17	8	6				
1677	11	12	6	1712	20	17	0				
1678	14	9	6	1713	28	11	6				

N. B. Ce tableau est tiré de l'ESSAI *sur la police générale des grains,* par M. Harbert. Il contient le prix nominal de chaque année ; dans les autres tableaux, ce prix est calculé sur la valeur du marc d'argent à chaque époque, et il est évalué monnaie actuelle : cela revient au même, lorsqu'il ne s'agit que d'une comparaison du prix pendant cinq ans.

ÉTAT comparatif du prix le plus bas et le plus élevé de chaque période de cinq années, depuis 1312 jusqu'en 1745.

Bas prix.			Haut prix.			Bas prix.			Haut prix.			Bas prix.			Haut prix.		
l.	s.	d.	l.	s.	d.	l.	s.	d.	l.	s.	d.	l.	s.	d.	l.	s.	d.
0	10	0	0	17	0	0	12	6	1	10	0	9	0	0	16	16	0
0	10	4	0	16	5	0	8	1	1	5	0	10	13	7	19	16	5
0	12	5	0	17	6	1	0	0	3	4	2	9	5	0	11	13	4
0	10	1	2	4	5	1	2	6	4	3	4	9	2	2	17	17	9
0	15	2	8	0	0	0	18	4	3	0	0	9	7	2	17	11	0
0	17	8	1	9	0	2	2	11	2	3	4	13	7	0	26	10	5
1	5	»	5	12	0	2	0	10	4	1	8	10	4	0	12	19	6
1	0	3	1	10	2	1	11	3	3	0	0	15	4	6	33	9	0
0	12	0	1	14	2	2	1	0	3	15	3	9	0	0	17	2	0
0	15	4	1	5	3	2	5	10	3	6	8	7	17	4	9	15	0
0	10	6	0	14	10	3	6	8	5	15	0	9	9	1	14	9	6
0	13	1	1	5	0	3	1	8	6	0	10	11	6	6	16	8	6
0	12	0	3	17	0	6	6	9	10	7	9	7	0	3	16	1	0
0	13	2	4	4	»	4	11	0	7	15	2	7	18	3	25	10	0
1	0	0	9	0	0	5	8	4	14	15	0	14	6	6	39	6	0
0	10	0	2	7	8	5	13	9	7	9	8	11	15	6	26	19	6
0	5	11	0	13	0	7	11	3	35	0	0	16	18	9	11	9	6
0	13	9	1	0	1	6	5	0	30	6	8	17	8	6	44	11	0
0	9	7	0	17	6	7	7	7	24	0	0	9	19	9	29	2	0
0	5	0	1	1	8	5	18	5	11	18	3	14	7	5	25	1	0
0	7	1	0	11	3	6	10	10	11	10	5	12	16	6	30	7	6
0	13	6	2	0	0	6	19	0	7	18	0	10	7	0	19	3	0
0	15	0	1	6	4	6	18	0	14	8	10	11	0	6	18	15	0
0	11	5	6	[illegible]	[illegible]	6	12	1	11	5	7	11	14	9	38	2	0
						Totaux.....		371	11	8		820	15	9			

De l'Imprimerie d'A. EGRON, rue des Noyers, n. 37.